AF103593

www.ingramcontent.com/pod-product-compliance
Lightning Source LLC
LaVergne TN
LVHW010419070526
838199LV00064B/5355

* 9 7 8 9 3 5 8 7 2 1 1 4 0 *

عابد علی خاں

(بچوں کے لیے سوانحی کہانی)

مصنف:
محمد منور علی

© Taemeer Publications LLC

Abid Ali Khan *(A biography for young Adults)*
by: Mohammad Munawar Ali
Edition: January '2023
Publisher & Printer:
Taemeer Publications LLC (Michigan, USA / Hyderabad, India)

ISBN 978-93-5872-114-0
9 789358 721140

مصنف یا ناشر کی پیشگی اجازت کے بغیر اس کتاب کا کوئی بھی حصہ کسی بھی شکل میں بشمول ویب سائٹ پر اَپ لوڈنگ کے لیے استعمال نہ کیا جائے۔ نیز اس کتاب پر کسی بھی قسم کے تنازع کو نمٹانے کا اختیار صرف حیدرآباد (تلنگانہ) کی عدلیہ کو ہو گا۔

© تعمیر پبلی کیشنز

کتاب	:	**عابد علی خاں**
مصنف	:	**محمد منور علی**
صنف	:	ادب اطفال
ناشر	:	تعمیر پبلی کیشنز (حیدرآباد، انڈیا)
سالِ اشاعت	:	۲۰۲۳ء
تعداد	:	(پرنٹ آن ڈیمانڈ)
صفحات	:	۳۸
سرورق ڈیزائن	:	تعمیر ویب ڈیزائن

ہر دور میں بعض غیر معمولی شخصیتیں اپنی زندگی اور کارناموں کی ایسی چھاپ چھوڑ جاتی ہیں جو آنے والی نسلوں کے لیے مشعل راہ ہوتی ہے۔ ان کا بچپن بھی مثالی ہوتا ہے۔ عملی زندگی اور حسنِ سلوک دوسروں کے لیے رہبر و رہنما ہوتا ہے۔ مضبوط ارادے، اچھے مقاصد کی تکمیل کی صحت مند جستجو اور جد و جہد کا جائزہ لینے والوں میں ایک نیا حوصلہ جوش و ولولہ پیدا کرنے کی موجب بن جاتی ہے۔

جناب عابد علی خاں ملک کے مایہ ناز سپوت، وطن اور اہل وطن کے بے لوث خدمت گزار اور قابل احترام رہنما اور ایسے صحافی تھے جو نہ صرف اردو صحافت کے لیے باعث فخر تھے بلکہ ساری ہندستانی صحافت اُن پر ناز کرتی تھی۔ اردو صحافت کو نئی زندگی دینے میں انھوں نے بنیادی کردار ادا کیا اور اردو صحافت کو قومی صحافت کا ہم سفر بناتے ہوئے اس کے مستقبل کو درخشاں بنایا۔ جناب عابد علی خاں کی شخصیت پہلودار تھی جس کا ایک منفرد اور نمایاں پہلو یہ تھا کہ ان کے چاہنے والوں اور قدردانوں میں تمام مذاہب، عقائد اور مسالک کے افراد

مختلف خیالات و نظریات کی حامل شخصیتوں میں یکساں طور پر مقبول و محترم رہے۔ ہر ایک اُن کو اپنا دوست، ہمدرد، بہی خواہ، رہبر و رہنما تصور کرتا تھا اور ان کی مخلصانہ خدمات کا احترام کیا جاتا تھا۔ وہ تمام زندگی اپنے ملک، ترقی پسندانہ انداز فکر، معقولیت پسندی، انسانی ہمدردی، انسان دوستی، اخوت بھائی چارہ کے اپنے نظریات پر ثابت قدم رہے۔ دوسروں کے نظریات اور خیالات سے اتفاق نہ کرنے کے باوجود کسی کا دل نہیں توڑا کرتے تھے۔ اپنے انداز فکر کو دو ٹوک انداز میں واضح کرنے سے پس و پیش نہیں کرتے تھے، مخالفانہ نظریات کی عیب جوئی سے پرہیز کیا کرتے تھے۔ ان ہی اوصاف کے باعث ہر ایک ان کا گرویدہ ہو جاتا تھا۔ ملاقاتیوں کا یہ عام تاثر ہوتا تھا کہ "عابد علی خاں سبھی کے دوست ہیں کسی کے دشمن نہیں"۔

عابد علی خاں 19/ مارچ 1920ء کو حیدرآباد کے ایک معزز جاگیردارانہ گھرانے میں پیدا ہوئے۔ یہ وہ زمانہ تھا جبکہ جاگیردارانہ نظام ہی نظام دکن کے اقتدار کے تحفظ کا دوسرا نام تھا۔ والد نواب میر محمود علی خاں جامعہ عثمانیہ کے ابتدائی دور کے ممتاز عثمانین میں شمار کئے جاتے تھے۔ دادا حافظ علی خاں انتخاب جنگ نظام ششم نواب میر محبوب علی خاں کے مدرسہ عالیہ میں ہم جماعت اور آصف سابع حضور نظام نواب

میر عثمان علی خاں کے استاد رہے ۔ نانا عابد علی خاں نواب صولت جنگ جن کا شمار اس دور کے ایسے معززین مین ہوتا تھا جن کا شاہی خاندان سے قریبی ربط رہا ۔ جاگیردار گھرانوں کے ماحول اور اس کے بعض منفی پہلووں کو محسوس کرتے ہوئے نواب صولت جنگ کے مشورہ پر جناب محمود علی خاں نے اپنے تمام لڑکون لبشمول عابد علی خاں کو جاگیردار کالج کے تحتانوی شعبہ میں شریک کرنے کی بجائے مدرسہ عالیہ میں شریک کرایا جہاں منتخب و ماہر اساتذہ کی خدمات حاصل تھیں ۔ انگریزی زبان کی تعلیم پر خاص توجہ دی جاتی تھی ۔ امراء عظام کے طلبہ کو داخلہ دیا جاتا تھا ۔ گھر پر دینی تعلیم اور زبان اردو کی تعلیم پائی اور مدرسہ عالیہ میں انگلش میڈیم سے 1938 ء میں میٹرک کامیاب کیا ۔ مدرسہ عالیہ کے فارغ التحصیل عام طور پر ملحقہ نظام کالج میں جو انگلش میڈیم کی انٹرمیڈیٹ اور جامعاتی تعلیم کا ادارہ تھا داخلہ لیا کرتے تھے ۔ عابد علی خاں نے اردو زبان سے اپنی جذباتی وابستگی کی بناء پر سارے ملک کی اولین اردو یونیورسٹی جامعہ عثمانیہ کا رخ کیا جہاں سے 1940 ء عیسوی میں (FA) فیلو آف آرٹس اور 1942 ء میں گریجویشن کی تکمیل کی ۔ فلسفہ بنیادی مضمون تھا ۔ خلیفہ عبدالحکیم ، پروفیسر شیو موہن لال ، ڈاکٹر ولی الدین جیسے عظیم دانشوروں کے آگے زانوے ادب

ملنے کرنے کا شرف حاصل ہوا ۔ جامعاتی تعلیم کے دوران عابد علی خاں یونیورسٹی کے ہاسٹل میں مقیم رہے ۔ جامعہ عثمانیہ کے ماحول ہی میں عابد علی خاں کی ذہنی ترقی کی منزلوں کے دھندلے خاکوں کی آبیاری ہوئی فکر وخیال کو پختگی ملی ۔ یہ وہ زمانہ تھا جبکہ سارے ملک میں جدوجہد آزادی نقطہ عروج پر پہنچ چکی تھی اور دکن میں شاہی نظام کے خلاف تحریکات کا آغاز ہوچکا تھا ۔ ہاسٹل کی زندگی کے دوران ممتاز کمیونسٹ رہنما، ترقی پسند شاعر مخدوم محی الدین سے قربت حاصل ہوئی اور اپنے فطری رجحان کے باعث ترقی پسند تحریک میں مخدوم کے ساتھ ہوگئے ۔ میر حسن، محبوب حسین جگر، ہاشم علی اختر، اشفاق حسین اس زمانے میں ان کے قریبی رفقاء میں شمار کیے جاتے تھے۔ اس زمانے میں آرٹس کالج کی شاندار عمارت میں انقلابی شاعر مخدوم کے نغمے گونجا کرتے تھے ۔ اس ماحول نے عابد علی خاں کو امیری وغریبی کے فرق واتار چڑھاؤ سے روشناس کرایا ۔ جامعہ عثمانیہ سے فارغ التحصیل ہونے کے بعد مخدوم ہی کی سنگت اور صحبت میں ادب اور سیاست کی تحریکات سے پہلے نظری پھر عملی دلچسپی بڑھنے لگی ۔ اس زمانے میں قاضی عبدالغفار صاحب کی ادارت میں روزنامہ پیام شائع ہوتا تھا ۔ حیدرآباد کا یہ واحد اخبار تھا جو سیاسی بیداری کا نقیب اور ترقی پسند جمہوری تحریکات

کا علمبردار تھا۔ روزنامہ پیام اور قاضی عبدالغفار سے روابط کے علاوہ دانشوروں، ادیبوں اور شاعروں کی سرگرمیوں سے ربط نے انقلاب کے تصور سے واقف کرایا۔ 1943ء میں جبکہ دوسری جنگ عظیم اپنے شباب پر تھی، آمریت پر جمہوری اتحاد کی طاقتوں کا غلبہ ظاہر ہونے لگا تھا اور دنیا بھر میں جواں سال نسل ترقی پسندی، مساوات اور امن دوستی کی تحریکات سے وابستہ ہو رہی تھی۔ عابد علی خاں بھی مخدوم، سجاد ظہیر اور کیفی اعظمی جیسے ترقی پسند ادیبوں، دانشوروں کے قافلے میں شامل ہوگئے۔ 1943 میں انہیں حیدرآباد کی انجمن ترقی پسند مصنفین کا سکریٹری مقرر کیا گیا۔ ان ہی دنوں حیدرآباد میں ترقی پسند مصنفین کی پہلی عظیم الشان کل ہند کانفرنس منعقد ہوئی جو عابد علی خاں کی غیر معمولی انتظامی صلاحیتوں کی اولین بہترین مثال ثابت ہوئی اور سارے ملک کے ترقی پسند ادیبوں، شاعروں، ماہرین تعلیم نے ان کی خدمات کا اعتراف کیا۔ اسی کانفرنس کے دوران پہلا اجلاس جلسہ یاد مولانا حالی منعقد کیا گیا جس میں بلبل ہند مسز سروجنی نائیڈو اور اس وقت کے صدر مجلس اتحاد المسلمین مولانا ابوالحسن سید علی شریک ہوئے۔ قاضی عبدالغفار اور ان کے دور کے مولوی عبدالحق نے بھی جو ایک دوسرے کے حریف تھے اس کانفرنس میں شرکت کی۔ یہ اجتماع ضدین عابد علی خاں کا

ایسا کارنامہ تھا جو مختلف خیالات کی شخصیتوں سے ان کے مساویانہ مراسم اور شفقت اور احترام کے خصوصی صفات کا مظہر ثابت ہوا۔ 1946ء میں ڈاکٹر محی الدین قادری زور نے حیدرآباد میں پہلی مرتبہ بڑے پیمانے پر اردو کانفرنس منعقد کی جس میں تقسیم سے پہلے کے ہندستان کے طول و عرض سے ادیبوں، شاعروں، دانشوروں نے شرکت کی۔ اسی پیمانہ کی شاندار کانفرنس شاید اس صدی میں کسی بھی مقام پر منعقد نہیں ہوئی۔ ڈاکٹر زور نے عابد علی خاں کو ترقی پسند ادب کے اجلاس کا کنوینر مقرر کیا تھا۔ اس وقت سجاد ظہیر لندن میں اپنی تعلیم مکمل کرنے کے بعد وطن واپس ہوئے تھے اور ہندوستان میں ترقی پسند تحریک کے قافلہ سالار تھے۔ انھوں نے حیدرآباد کے اس اجلاس میں شرکت کی۔ برصغیر ہند کے سارے چوٹی کے ترقی پسند ادیب اور شاعر ایک بڑے پلیٹ فارم پر جمع ہوئے تھے۔

عابد علی خاں نے 1947ء تک انجمن ترقی پسند مصنفین کے سکریٹری کی حیثیت سے فرائض انجام دیئے۔ اشتراکیت کو انسانی دکھ درد کی نجات کے ایک نسخہ کے طور پر قبول کیا اور اس نظریہ پر ہمیشہ کاربند رہے لیکن کمیونسٹ پارٹی کی باقاعدہ رکنیت حاصل نہیں کی۔ وہ ابتداء ہی سے کسی بھی سیاسی جماعت سے وابستگی سے گریز کرتے رہے۔ ہر سیاسی جماعت اور اس سے

وابستہ قائدین اور کارکنوں سے ان کے قریبی مراسم رہے۔ ایک انہیں اپنا ہم خیال تصور کرتا رہا لیکن انھوں نے کسی جماعت کی رکنیت کی پیشکش کو قبول نہیں کیا۔ کسی جماعت کے رکن کی حیثیت سے لوک سبھا اور راجیہ سبھا کی رکنیت کو بھی قبول کرنے سے اس بناء پر معذرت کا اظہار کیا کرتے تھے کہ وہ کسی بھی جماعت سے وابستگی کو گوارا نہیں کرتے۔ تاہم ترقی پسند تحریکات میں حصہ لینے سے گریز نہیں کیا۔ کمیونسٹ پارٹی کے باقاعدہ رکن نہیں تھے۔ اس کے باوجود انھیں ہندوستان میں کمیونسٹ پارٹی پر پابندی کے ہٹالئے جانے کے بعد بمبئی میں منعقدہ پہلی پارٹی کانفرنس میں شرکت کی دعوت دی گئی۔ وہ مخدوم کے ساتھ اس کانفرنس میں شریک ہوئے جہاں سجاد ظہیر اور دوسرے ترقی پسندوں سے قریبی روابط کے مواقع حاصل ہوئے۔

گریجویشن کی تکمیل کے بعد والد صاحب کے اصرار پر نظام کی حکومت کے دور میں ایک محکمہ میں چھوٹے افسر کی حیثیت سے ملازمت قبول کی لیکن اپنے ذہنی رجحان کے باعث اس خدمت پر اپنے آپ کو اس لیے بے چین محسوس کرتے رہے کہ وہ فطری طور پر اپنی عملی زندگی کو ایک مشن بنانے کے عزائم رکھتے تھے۔ سرکاری فائیلوں کے مطالعہ کی بجائے کوئی

تخلیقی کام اور ایسا کام کرنا چاہتے تھے جو ملک و قوم کے لئے مفید ثابت ہو سکے۔ ملازمت کے دوران بھی ترقی پسند تحریکات سے وابستہ شخصیتوں خاص طور پر مخدوم، میر حسن اور محبوب حسین جگر سے روابط برقرار تھے۔ سر پھرے انقلابیوں سے دوستانہ مراسم شاہی کے اس دور میں گھر والوں کے لئے فکر و تشویش کا باعث بن گئے تھے۔ والد صاحب کو بھی اس بات کا پتہ چل گیا تھا کہ ان کا اٹھنا بیٹھنا ایسے لوگوں کے ساتھ ہے جو شخصی حکمرانی کے خاتمہ اور عوام کے جمہوری حقوق کی بحالی کے لئے جد و جہد پوشیدہ طور پر جاری رکھے ہوئے تھے۔ گھر والوں اور دوست احباب کے نظریات میں تضاد اور ٹکراؤ کے درمیان دن رات گزار رہے تھے۔ دادا حضور انتخاب جنگ کے زمانے سے گھر کا سارا ماحول جاگیردارانہ رہا۔ ننھیال سے بھی یہی ماحول ورثہ میں ملا تھا۔ نواب صولت جنگ کا شمار بھی اس زمانہ کی معزز شخصیتوں میں ہوتا تھا۔ گھر سے باہر نکلتے تو سارا وقت ایسی شخصیتوں کے درمیان گزرتا جو جاگیردارانہ نظام سے نفرت کرتے تھے۔ جمہوریت اور بنیادی انسانی حقوق کے تحفظ اور مساوات کی باتیں ہی ہوتی تھیں۔

عابد علی خاں صاحب نے جاگیردارانہ ماحول کی بعض اچھائیوں کو اپنانے میں کوئی پس و پیش نہیں کیا جس سے ان

کے کردار میں ایسی خوبیاں پیدا ہوئیں جو عملی زندگی میں انتہائی فائدہ مند ثابت ہوئیں، بڑوں کا احترام، چھوٹوں سے انتہائی شفقت کا برتاؤ، اعلی تہذیبی قدروں اور روایات کا پاس ولحاظ اسی جاگیردارانہ ماحول کی دین تھا۔ گھریلو مذہبی ماحول کے باعث دینی تعلیم پر خصوصی توجہ کے مواقع حاصل ہوئے ۔ مادہ پرستوں کے ماحول میں زیادہ تر وقت گزارنے کے باوجود دینی فرائض پر پوری طرح کاربند رہے اور آخر وقت تک روزانہ نماز فجر کے بعد قرآن حکیم کے کم از کم ایک پارہ کی تلاوت اور تفسیر و ترجمہ کا مطالعہ ان کا معمول رہا۔ تنہا اور افراد خاندان کے ساتھ دو مرتبہ حج بیت اللہ کا شرف حاصل کیا اور کئی مرتبہ عمرہ کیا۔

عابد علی خاں صاحب کے کردار کا یہ پہلو نئی نسل کے لئے یقیناً مشعل راہ ثابت ہوگا۔ وہ اپنے ماحول کی ہر اچھائی کو اپنانے میں کبھی پس وپیش نہیں کرتے تھے ۔ ان کے بعض کٹر مخالفین کی بھی کوئی بات انھیں پسند آتی تو اس کی تعریف اور ستائش کرنے سے ذرہ برابر بھی پس وپیش نہیں کیا کرتے تھے ۔ غرور وتکبر سے ہمیشہ پرہیز کیا کرتے تھے ۔ انہیں اپنی تعریف آپ بیان کرتے ہوئے کبھی کسی نے نہیں سنا۔ دوسرے جب ان کے سامنے ان کی تعریف کے پل باندھنا شروع کرتے تو وہ اکثر وبیشتر بات چیت کا موضوع بدل دینے کی کوشش کرتے

تھے ۔انکساری ان کے کردار کی ایک نمایاں صفت تھی ۔ نام کی بجائے کام کو اہمیت دیا کرتے تھے ۔ تنقید کرنے والوں اور حاسدوں کو ان کے حال پر چھوڑ کر کسی کی پروا کیے بغیر اپنا کام اور اپنا مشن جاری رکھنے کے اصول پر وہ ہمیشہ کاربند رہے اور دوسروں کو بھی اکثر و بیشتر یہی مشورہ دیا کرتے تھے کہ اعتراضات اور مخالفانہ پروپگنڈہ کرنے والوں کو ان کے حال پر چھوڑ کر اپنا کام خلوص، دیانت داری سے جاری رکھنا چاہیے ۔ دیانت داری اور راست بازی کبھی رائیگاں نہیں جاتی ، دوسروں کے عیب ڈھونڈنے کو وہ سخت ناپسند کرتے ,اگر کوئی ان کے سامنے دوسروں کی بدگوئی شروع کردیتا تو بات چیت کا سلسلہ منقطع کرنے کی کوشش کرتے بلکہ اس محفل سے اٹھ کر چلے جاتے تھے ۔

عابد علی خاں صاحب کی ایک اور نمایاں صفت یہ تھی کہ وہ "اپنا کام خود کرنا چاہیے ۔" کے اصول پر سختی سے کاربند رہے بلکہ اپنے رفقاء کو اکثر و بیشتر یہی مشورہ دیا کرتے تھے کہ جہاں تک ممکن ہوسکے اپنا کام خود کرنا چاہیے جس سے کام مرضی کے مطابق انجام پاسکتا ہے اور دوسرے یہ کہ کام کی تکمیل پر تسکین قلب محسوس ہوتی ہے ۔ عابد علی خاں صاحب محنت شاقہ کے اس قدر عادی تھے کہ آخری عمر میں جب ڈاکٹر انھیں کام کرنے

سے منع کرتے اور مکمل آرام کا مشورہ دیتے تو بے حد اداس ہوجاتے ، مفوضہ فرائض اور روزمرہ معمول کے کاموں کو انجام دینے سے روکنے والوں پر برہم ہوجایا کرتے تھے ۔ جب علیل تھے عیادت کرنے آنے والوں کے سامنے یہی شکوہ کرتے کہ " ڈاکٹر سدھیر نائک نے چند دنوں کے لیئے دفتر جانے سے منع کیا ہے "۔ یہ بھی ان کی علالت کا ایک سبب ہے ۔ عابد علی خاں صاحب انتقال سے چند ہفتے قبل تک بھی دفتر سیاست میں روزانہ صبح 9 بجے سے شام 7 بجے تک مصروف رہتے ۔ درمیان میں لنچ کے لیئے گھر جاتے تو ایک گھنٹہ میں واپس ہوجاتے ۔ صبح کی اولین ساعتوں اور شام میں زیادہ تر وقت اخبارات اور رسائل کے مطالعہ میں صرف ہوتا۔

عابد علی خاں اسپورٹس کے دلدادہ تھے لیکن بلیرڈ کے سوائے کسی دوسرے کھیل میں کوئی نمایاں حصہ نہیں لیا۔ کرکٹ سے غیر معمولی دلچسپی لیا کرتے تھے ۔اہم کرکٹ میچس ہوتے تو چھوٹا سا ٹرانسسٹران کے ساتھ ہوتا۔ حسب معمول مصروفیات کو جاری رکھتے ہوئے کرکٹ کامنٹری بھی سنتے رہتے تھے ۔ کھلاڑیوں کی ہمیشہ حوصلہ افزائی کیا کرتے تھے ۔ مشہور کرکٹ کھلاڑی اور سابق کپتان غلام احمد ہندستانی ٹیم ہم مکتب اور بے تکلف دوست تھے ۔ موجودہ کپتان

محمد اظہر الدین نے جب اپنے کیریر کا آغاز شاندار پیمانہ پر کیا تو بے حد مسرور ہوئے۔ حیدرآباد میں پہلی مرتبہ ان کی تہنیت کا اہتمام کیا۔

عابد علی خاں کی زندگی کے مختلف نمایاں پہلو ایسے ہیں جن کا جائزہ لینے سے دوسروں میں کام کرنے اور کچھ کر دکھانے کے جذبے کو تقویت حاصل ہوتی ہے۔ ان کی ساری زندگی بنیادی طور پر تین اہم وابستگیوں کے گرد گھومتی ہے۔ (۱) اردو زبان کی بقاء، حفاظت اور ترقی کے لیے جدوجہد، (۲) اردو صحافت کو معیار عصری ترقی کے لحاظ سے قومی اخبارات کے ہم پلہ بنانے اور اخبار کو صحت مند روایات کا امین، اصلاح معاشرہ، صحت مند رجحانات کی آبیاری کا وسیلہ بنانے کی دن رات کی مساعی (۳) حیدرآباد شہر اور اس کی مشترکہ تہذیب، رواداری، خلوص، مروت، مذہبی ولسانی ہم آہنگی کی روایات کو فروغ دینے کی خدمات ان کی ساری عملی زندگی کا محور رہیں۔ عابد علی خاں صاحب نے محض اپنے والدین کے اطاعت گزار فرزند کی حیثیت سے بی اے کی ڈگری حاصل کرنے کے بعد سرکاری محکمہ میں ایک افسر کی خدمات مختصر عرصہ کے لئے انجام دیں جوان کی محض روایتی زندگی کے چند سال ہی تصوّر کیے جاتے ہیں۔ ان کی حقیقی عملی زندگی کا نقطہ آغاز اخبار سیاست کے

اجراء سے ہوتا ہے جب انھوں نے ایک مشن ایک چیلنج کے طور پر مقصد حیات بنایا اور اپنی راست بازی، نیک نیتی، اپنے چند رفقاء خاص طور پر جناب محبوب حسین جگر کی بے لوث خدمات، مثالی دوستی اشتراک اپنی غیر معمولی انتظامی صلاحیتوں اور عوام کے مختلف طبقات کے بھرپور تعاون کی بدولت وہ اپنے اس مشن میں ایسی حیرت انگیز کامیابی حاصل کرسکے جس کا گمان تک نہیں کیا جاسکتا تھا۔ اخبار سیاست جس کا آغاز 6 صفحات پر مشتمل چند سو اخبارات کی فروخت سے ہوا تھا آج 10 تا 20 صفحات پر مشتمل روزانہ 50 ہزار کاپیوں کی اشاعت کا اخبار بن گیا ہے۔ معیار اور عوامی مقبولیت کے اعتبار سے سارے ملک کے اردو اخبارات میں سرفہرست ہے اور لاکھوں تعداد اشاعت کے قومی اخبارات کے ہم پلہ تصور کیا جاتا ہے۔

عابد علی خاں صاحب نے 15 اگست 1948ء کو انتہائی ناسازگار حالات میں جب کہ شاہی کے خاتمہ کے ساتھ ہی سیاسی، سماجی، معاشی غرض عام زندگی کے ہر شعبہ میں زبردست اور تیز رفتار تبدیلیاں ظاہر ہورہی تھیں اس ماحول میں اردو بولنے والوں میں سخت مایوسی پھیل گئی تھی۔ شخصی حکمرانی کے دور میں ساری ریاست میں صرف اردو ہی کا بول بالا تھا۔ عدالتوں، سرکاری دفاتر میں اردو ہی رائج تھی۔ تحتانوی

سے اعلا تعلیم تک اردو ہی ذریعہ تعلیم تھی کہ عثمانیہ یونیورسٹی کے تمام کورسس بشمول میڈیسین ، سائنس ٹکنالوجی ، انجنیئرنگ کی تعلیم اردو میڈیم میں ہوا کرتی تھی ۔ ریاست حیدرآباد کے انڈین یونین میں انضمام کے ساتھ ہی اچانک ہر سطح پر انگریزی اور علاقائی زبان تلگو کا تیزی سے رواج عام ہوگیا تھا۔ اس ماحول میں اردو بولنے والوں میں مستقبل سے مایوسی کا رحجان شدّت اختیار کرتا جارہا تھا ۔ اردو بولنے والے خاص طور پر مسلم اقلیت حکومت وقت تک اپنے مسائل کے لئے نمائندگی کے وسیلے تلاش کرنے میں سرگرداں تھی ۔ ان کے مسائل کی ترجمانی کے لیے وہ کسی موثر وسیلہ کے ضرورت مند تھے ۔ ان ہی حالات نے عابد علی خاں کو ایک اردو اخبار جاری کرنے پر مجبور کیا۔ اپنے نظریات اور فطری رحجان سے وہ امام صحافت قاضی عبدالغفار صاحب مدیر روزنامہ پیام سے بے حد متاثر تھے اور ان ہی کے نظریات کے تسلسل کو برقرار رکھنے کے مقصد سے انھوں نے اخبار کی اشاعت کا بیڑہ اٹھایا۔ اور انتہائی چھوٹے پیمانے پر اس مشن کا آغاز کیا۔ اپنی مشفق والدہ محترمہ سے ان کی دعائیں، نیک تمنائیں اور چند اشرفیاں اور ایک قیمتی ہیرا حاصل کیا جس کے چند ہزار روپے جمع ہوسکے ۔ اس وقت سونے کی قیمت بمشکل 50 روپے فی تولہ تھی ۔ اس

محدود سرمایہ، خدمت کے جذبہ اور عزم مصمم اور اپنے دیرینہ رفیق جناب محبوب حسین جگر کے بے لوث اور مخلصانہ تعاون کے ساتھ "اخبار سیاست" کی بنیاد ڈالی۔ عابد روڈ کے قریب ایک گلی میں افتادہ اراضی کرایہ پر حاصل کی۔ اس پر ٹین شیڈ کی عمارت کھڑی کی ۔ ایک پرانا لیتھو مشین خریدا اور دن رات ہمہ تن مصروف ہوگئے ۔ اس زمانے میں سنسنی خیز سرخیوں کے ساتھ شائع ہونے والے اخبارات زیادہ تعداد میں فروخت ہوا کرتے تھے ۔ سڑکوں اور گلی کوچوں میں گھومنے والے اخبار فروش سرخیوں کو بہ آواز بلند پکارتے ہوئے اخبار فروخت کیا کرتے تھے ۔ عابد علی خاں صاحب کو سنسنی خیزی، مبالغہ آمیزی ہرگز گوارا نہیں تھی ۔ وہ اپنے اخبارات کو صحت مند روایات کا ترجمان بنائے رکھنا چاہتے تھے ۔ غیر جانبداری ان کا نصب العین تھا۔ مبالغہ آمیزی سے گریز اور حقیقت حال کو جامع اور موثر انداز میں پیش کرنا ہی ان کی اور ان کے اخبار کی بنیادی پالیسی رہی ۔ یہی وجہ ہے کہ اخبار سیاست کو توسیع اشاعت کے سلسلے میں ابتدائی ایک دہے تک انتہائی صبر آزما مراحل سے گزرنا پڑا۔ اس ماحول میں بھی وہ اپنے اصولوں پر سختی سے کاربند رہے اور آخر کار اخبار پڑھنے والوں کے رجحان میں صحت مند تبدیلی لانے میں کامیاب ہوئے ۔ اخبار کی توسیع اشاعت کا سلسلہ

شروع ہوا تو تکنیکی اور فنی تبدیلیوں پر توجہ دی، کتابت شدہ مواد کی پتھر پر چھاپ حاصل کر کے برقی مشین پر طباعت کے لیتھوگرافک نظام کی بجائے فوٹو آفسیٹ کے طریقہ کار سے استفادہ کیا گیا۔ مواد اور تکنیک دونوں اعتبار سے معیار کو بہتر بنانے کی جستجو کے انتہائی حوصلہ افزاء نتائج برآمد ہونے۔ اخبار کی تعداد اشاعت میں غیر معمولی اضافہ کے ساتھ ساتھ اشتہارات کی آمدنی میں اضافہ نے مالیاتی استحکام عطا کیا۔ روٹری آفسیٹ مشینوں کی تنصیب سے چھپائی زیادہ آسان اور تیز رفتار ہو گئی جس سے سیاست میں رات دیر گئے تک کی خبروں کی اشاعت ممکن ہو سکی۔ اضلاع کی توسیع اشاعت کے اقدامات کیے گئے۔ آج ادارہ سیاست ساری عصری سہولتوں سے لیس ہے۔ ایک دہے قبل تک سارا اخبار ہاتھ سے لکھا جاتا تھا لیکن اب کمپیوٹرس کی مدد سے یہ کام انجام دیا جاتا ہے۔ کمپیوٹر آپریٹرس ٹائپ رائٹر کی طرح کے ایک مشین پر ساری خبریں اور مضامین وغیرہ ٹائپ کر دیتے ہیں اور کمپیوٹرس اس ذخیرہ کو حسب ضرورت سنگل کالم، ڈبل کالم، جلی اور خفی حروف میں تبدیل کر کے اس کا پرنٹ آوٹ دیتے ہیں۔ اس طرح طباعت زیادہ آسان ہو گئی۔ اخبار سیاست کی یہ نمایاں اور منفرد خصوصیت یہ ہے کہ اسے ملک کے چوٹی کے ادیبوں، صحیفہ

نگاروں کا قلمی تعاون واشتراک حاصل ہے۔ جناب عابد علی خاں صاحب نے ان ممتاز شخصیتوں سے اپنے شخصی روابط کی بنیاد پر ان کا تعاون حاصل کیا۔ جن کا قلمی تعاون برسوں سے جاری ہے۔ نئے لکھنے والوں کی حوصلہ افزائی میں بھی سیاست نے کوئی کسر نہیں چھوڑی۔ عابد علی خاں صاحب نئے لکھنے والوں کا حوصلہ بڑھانے کے لئے ان کی ابتدائی تحریروں کی بھی اشاعت کے مواقع مہیا کرتے تھے جس سے انھیں ایک نیا حوصلہ ملتا۔ آج کے کئی چوٹی کے ادیب، شاعر اور فن کار اس بات کا اعتراف کرتے ہیں ان کی ترقی عابد علی خاں صاحب کی حوصلہ افزائی کی دین ہے۔ اخبار سیاست آج عوام کی ایک باا ثر آواز بن گیا ہے۔ عوام کے تمام طبقات اپنے مسائل کو متعلقہ حکام کے علم میں لانے کے لئے "اخبار سیاست" کو ایک موثر وسیلہ تصور کرتے ہیں اور حکام بھی اس لیے فوری توجہ مرکوز کرتے ہیں کہ "سیاست" حقائق کا ترجمان ہے۔

عابد علی خاں صاحب نے اردو زبان اور اس کی اعلیٰ اقدار کی حفاظت، معاشی فوائد کی برقراری کے لیئے اخبار سیاست کو ایک بڑا ذریعہ بنانے کے علاوہ خود شخصی طور پر عملی جدوجہد میں نمایاں حصہ لیا۔ اس مقصد سے کئی ادارے قائم کیے اور ان ہی کے نصب العین پر عمل پیرا دوسروں کے اداروں سے

بھرپور تعاون کیا۔ وہ اردو سے نہ صرف زبان بلکہ ایک تہذیب کے علمبردار کی حیثیت سے والہانہ وابستگی رکھتے تھے۔ اپنے ایک مضمون میں اردو کے تعلق سے اپنا تاثر اس طرح بیان کیا ہے

"اردو سے میری والہانہ محبت کو آپ میری مادری زبان ہونے کا سبب قرار دے لیں لیکن میں نے ایسا محسوس کیا ہے کہ یہی وہ زبان ہے جس نے ہمارے ملک میں مختلف تہذیبوں کو ملانے اور ان قدروں کو مضبوط بنانے کے عمل میں تیزی پیدا کی اور جس میں اتنی صلاحیت ہے کہ وہ وقت کے تقاضوں کو بڑی آسانی سے قبول کر سکتی ہے۔ اسی لئے میں اس زبان کی نشوونما اور اس کی ترقی کی ہر تحریک سے دلچسپی رکھتا ہوں۔"

عابد علی خاں صاحب نے مرکزی انجمن ترقی اردو ہند کے نائب صدر، انجمن ترقی اردو آندھرا پردیش کے شریک معتمد اور آندھرا پردیش اردو اکیڈیمی کی پہلی عاملہ کے اگزیکیٹیو چیر مین، ادارہ ادبیات اردو کے رکن عاملہ اور بعض ازاں سرپرست کی حیثیت سے اردو تحریکات میں نمایاں حصہ لیا۔ انجمن ترقی اردو کے اردو ہال کی تعمیر کے لئے وسائل جمع کرنے میں نمایاں حصہ لیا اور جواہر لال نہرو کو معائنہ کی زحمت دی، مرکزی اور ریاستی سطح پر اردو کے بیشتر مسائل کے سلسلے میں نمائندگیاں کیں۔ عابد علی خاں صاحب نے جو اپنی ذات میں ایک انجمن تھے

بعض ایسے ادارے قائم کیے جن کی بدولت اردو زبان کی بقاء کی جدوجہد کو استحکام حاصل ہوا۔ اردو تعلیم کو عام کرنے کے مقصد سے پرائمری سے ثانوی درجوں تک کی تعلیم کے لیئے ماڈل اسکول اور کوچنگ سنٹرس قائم کیے۔ اردو بولنے والے طلبا کے لیے جو میڈیسین اور انجینیرنگ کی تعلیم حاصل کر رہے ہیں قیمتی کتابوں کا بک بینک قائم کیا۔ ابتدائی اردو میڈیم نصابی تعلیم کے لئے 3 لاکھ 50 ہزار روپے کا تعلیمی ٹرسٹ بنایا۔ عابد علی خاں صاحب کا ایک شاندار کارنامہ 1966 میں ادبی ٹرسٹ کا قیام ہے جس کے مقاصد میں مستحق اردو ادیبوں اور شاعروں کی مالی اعانت کرنا اور ان کی تخلیقات کی اشاعت میں مدد دینا ہے۔ اس ٹرسٹ کے لئے سرمایہ جمع کرنے کے مقصد سے انھوں نے بڑی کامیاب حکمت عملی اختیار کی۔ ادبی ٹرسٹ کے لئے سرمایہ جمع کرنے کے ساتھ ساتھ اردو والوں کو جمع کرنے ان میں اردو ادب کے ذوق کو فروغ دینے کے علاوہ دوسروں پر اردو زبان کی طاقت اور غیر معمولی کشش کے اعتراف پر مجبور کرنے کی کوشش کی اور اس مقصد کے لئے ہر سال باقاعدگی کے ساتھ کل ہند اور انڈوپاک مشاعروں کا اہتمام کیا گیا جنھیں غیر معمولی مقبولیت حاصل ہوئی۔ شمال میں جس طرح شنکر شاد مشاعرہ کو نمایاں مقام حاصل ہے اسی طرح ادبی

ٹرسٹ کے مشاعرے باعث فخر ثابت ہوئے۔ ادبی ٹرسٹ کے مشاعروں کی یہ انفرادی خصوصیت رہی ہے کہ لوگ ٹکٹ خرید کر جوق در جوق ان مشاعروں میں شرکت کرتے ہیں اور سرکردہ تجارتی کمپنیاں اپنی تشہیر کے لئے ان مشاعروں کو اپنا وسیلہ بنانے کے لئے لاکھوں روپے سے تعاون کرتی ہیں۔ آج 27 سال سے ادبی ٹرسٹ کا مشاعرہ سالانہ معمول اور ایک تہذیبی جشن کا مقام حاصل کر چکا ہے اور کا کارپس فنڈ 5 لاکھ 10 ہزار روپے کا ہو گیا ہے جس سے اردو زبان و ادب کی ترویج و ترقی اور ادیبوں اور شاعروں کی اعانت کی ضروریات کی تکمیل کی جاتی ہے۔ ان ہی مشاعروں کی آمدنی سے پرانا شہر حیدرآباد کے گنجان علاقہ میں اردو گھر تعمیر کیا گیا ہے اس دو منزلہ عمارت میں اردو والوں کے اجتماعات مثالی ثابت ہوتے ہیں۔ عابد علی خاں صاحب کو مادر علمیہ جامعہ عثمانیہ سے والہانہ عقیدت تھی خاص طور پر جامعہ کے اس دور کو جو کہ سماجی اور تہذیبی اعتبار سے دور زریں کہلاتا تھا وہ غیر معمولی دلچسپی رکھتے تھے اور اس دور کی جھلکیوں کو پیش کرنے کے مقصد سے یونیورسٹی کیمپس کی ایک شاندار عمارت کے گوشہ میں ویژن آف عثمانیہ قائم کیا جس کا افتتاح موجودہ صدر جمہوریہ ہند ڈاکٹر شنکر دیال شرما نے جبکہ وہ ریاستی گورنر تھے فرمایا تھا۔ جناب عابد علی خاں کی یہ خوبی تھی کہ وہ

ہر مسلک اور ہر مکتب خیال کی شخصیتوں کا اعتماد حاصل کرنے میں کامیاب ہوجاتے تھے ۔آندھرا پردیش میں جب "تلگو زبان کو زندگی کے ہر شعبہ میں رائج کرنے کے عزائم سے اقتدار حاصل کرنے والے تلگو فلمسٹار مسٹر این ٹی راما راؤ برسر اقتدار تھے عابد علی خاں نے انھیں اردو اجتماعات میں شرکت پر رضامند کیا ۔ ادبی ٹرسٹ کے ایک مشاعرہ میں انھوں نے اقبال کے ترانہ کے بعض اشعار سنا کر اردو زبان کی شیرینی کے اعتراف کا ثبوت دیا ۔ حیدرآباد میں جب اقبال صدی تقاریب منعقد کی جارہی تھیں عابد علی خاں صاحب کی نمائندگی پر مسٹر این ٹی راماراؤ نے "اقبال مینار" کی یادگار کے قیام سے اتفاق کیا ۔گجرال کمیٹی کے رکن کی حیثیت سے عابد علی خاں صاحب نے اردو زبان کے استعمال اور تعلیم کے سلسلے میں دستوری اور قانونی تحفظات کے حصول کی جدوجہد میں نمایاں حصہ لیا ۔

اردو زبان سے وابستہ تہذیبی روایات کو فروغ دینے میں عابد علی خاں صاحب نے ہمیشہ نمایاں دلچسپی لی ۔ مشاعروں کے انعقاد کے علاوہ غزل کے پروگراموں کے اہتمام میں ہمیشہ تعاون کرتے رہے ۔ حیدرآباد کی قدیم گنگا جمنی تہذیب کی روایات سے نئی نسل کو روشناس کرنے کا بڑا شدید جذبہ رکھتے تھے ۔ قطب شاہی دور کی تہذیب کی عکاسی کے لئے گنبدان

قطب شاہی پر منعقد ہونے والے جشن کے انتظامات میں نمایاں حصہ لیتے رہے۔ حیدرآباد کے 400 سال کے جشن کے بڑے پیمانے پر انعقاد کے لئے حکومت آندھراپردیش نے تعاون کی خواہش کی تو بڑے جوش و خروش کے ساتھ آمادہ ہوگئے لیکن مختلف اسباب کی بناء پر اس جشن کی تواریخ کے التواء کا اعلان کیا جاتا رہا لیکن اپنی دھن کے پکے عابد علی خاں نے حکومت کی سرپرستی اور تعاون کے بغیر ہی جشن حیدرآباد کی ایک مقررہ تاریخ کو چارمینار کے دامن میں آصف جاہی دور کی ایک تہذیبی جھلک پیش کردی۔ نواب میر محبوب علی خاں آصف جاہ ششم کے دور کے ایک یادگار مشاعرہ کی تمثیل کا اہتمام کیا۔ مہاراجہ سرکشن پرشاد بہادر نے اس یادگار مشاعرہ کا اہتمام کیا تھا جس میں سارے ملک کے چوٹی کے شعراء نے جن کا شمار آج بھی اساتذہ سخن میں ہوتا ہے شرکت کی تھی۔ فائن آرٹس اکیڈیمی کے فنکاروں کی مدد اور ممتاز ڈراما نگار مسٹر غلام جیلانی صاحب کے تعاون سے یہ تمثیلی مشاعرہ منعقد کیا گیا جو تاریخی یادگار ثابت ہوا۔ بھاگ متی کے مقبرہ کے تحفظ کی جانب آثار قدیمہ کے محکمہ کو متوجہ کیا تاکہ اس تاریخی شخصیت کی یادگار کا تحفظ ہوسکے۔ عابد علی خاں صاحب نے اردو کی ترویج و ترقی کے سلسلے میں تلگو ادیبوں، دانشوروں کا تعاون و اشتراک بھی حاصل

کیا وہ تلگو کی ترقی کے بھی دل سے خواہاں تھے کیوں کہ یہ ریاست کی سرکاری زبان ہے اور اس کا روزی روٹی سے گہرا تعلق ہے۔ تلگو کانفرنس کے موقع پر عابد علی خاں صاحب کی خدمات کا اعتراف کرتے ہوئے ان کا سنمانم کیا گیا تھا۔ حیدرآباد کی دیگر لسانی اقلیتوں میں بھی عابد علی خاں صاحب کا مقام اور قدرو منزلت رہی۔ مرہٹی ساہتیہ پریشد کے اجتماعات میں انھیں مہمان خصوصی کی حیثیت سے مدعو کیا جاتا رہا۔ ہندی پرچار سبھا کے اجتماعات میں انھیں توجہ سے سنا جاتا تھا۔

عابد علی خاں صاحب کا شمار انجمن ترقی پسند مصنفین کے بانیان میں ہوتا ہے۔ سیاست کی ادارت کی ذمہ داریاں سنبھالنے سے قبل انھوں نے چند کتابیں لکھیں اور ترجمے کیے۔ اپریل 1943 ء میں پہلی تصنیف "جمہوریہ چین" شائع ہوئی۔ اسی سال کارل مارکس کی کتاب کا اردو ترجمہ "اجرتی محنت اور سرمایہ" کے نام سے شائع ہوئی۔ 1944 ء میں کتاب مشاہیر چین شائع ہوئی۔

عابد علی خاں صاحب نے کئی بیرونی ممالک کے دورے کیے۔ انہیں سوویت یونین کی کمیونسٹ حکومت نے دورہ کی دعوت دی، امریکہ کے نظم ونسق نے بھی انہیں خصوصی طور پر مدعو کیا۔ اس کے علاوہ برطانیہ، یوروپ کے کئی ممالک، مشرق

وسطیٰ کے تقریباً تمام ممالک کا دورہ کیا۔ 1962ء میں فن لینڈ میں نوجوانوں کے عالمی میلہ میں شرکت کی۔ 1973ء میں نائب صدر جمہوریہ ہند مسٹر جی ایس پاٹھک کے ساتھ افغانستان کا دورہ کیا۔ 1975ء میں صدر جمہوریہ ہند فخرالدین علی احمد صاحب کے ساتھ ہنگری اور یوگوسلاویہ کا دورہ کیا اسی سال انڈو سوویت کلچرل سوسائٹی کی سلور جوبلی تقاریب منعقدہ ماسکو میں شرکت 1985ء میں وزیر اعظم شریمتی اندرا گاندھی کے ہمراہ مصر، فرانس، الجیریا، امریکہ اور سوئٹزرلینڈ کا دورہ کیا۔ 1988ء میں وزیر اعظم مسٹر راجیو گاندھی کے دورہ اردن، یوگوسلاویہ، اسپین، ترکی میں ان کے ہمسفر رہے۔ 1992ء میں جدہ میں جشن حیدرآباد تقاریب کی صدارت کی۔ اسی مقصد سے کویت اور برطانیہ کا بھی دورہ کیا۔

عابد علی خاں صاحب کو قومی اور ریاستی سطح کے کئی اعزازات سے نوازا گیا اور کئی غیر سرکاری فلاحی اداروں نے ان کی خدمات کا اعتراف کرتے ہوئے ایوارڈ عطا کیئے۔ آندھرا پردیش اوپن یونیورسٹی نے اپریل 1988ء میں ڈاکٹریٹ کی اعزازی ڈگری عطا کی۔ حکومت ہند نے ان کی خدمات کا اعتراف کرتے ہوئے 1981ء میں "پدم شری" کا اعزاز عطا کیا۔ 1984ء میں ادبی خدمات کے اعتراف کے طور پر دہلی میں منعقدہ

تقریب میں شریمتی اندرا گاندھی نے غالب ایوارڈ عطا کیا۔ بنگلور کے ایک تعلیمی اور فلاحی خدمات انجام دینے والے ادارہ الامین نے عابد علی خاں صاحب کو اپنا اعلیٰ ترین اعزاز عطا کیا۔

اوپن یونیورسٹی نے ڈاکٹر آف لیٹرس کی ڈگری کے ساتھ توصیف نامہ میں خراج تحسین پیش کیا " ممتاز صحیفہ نگار، دانشور، ادیب، ماہر تعلیم، بلند پایہ، سماجی خدمت گزار شری عابد علی خاں مینارہ نور ثابت ہوئے ہیں ملک کے اردو بولنے والوں کے اتحاد رفیق ودم ساز اور مفکر تصوّر کیئے جاتے تھے۔ صحافت کے میدان میں بیش بہا خدمات نے انہیں اعلیٰ مرتبہ اور بلند مقام عطا کیا ہے۔۔

الامین ایجوکیشنل سوسائٹی بنگلور نے آل انڈیا کمیونٹی لیڈرشپ ایوارڈ 1988 ء عطا کرتے ہوئے اپنے سپاس نامہ میں لکھا ہے۔ "اللہ تعالی کا ہم پر بے پایاں احسان ہے کہ امت مسلمہ میں ایسے افراد بھی ابھرنے لگے ہیں جن کا وجود نہ صرف امت مسلمہ کے لیئے بلکہ ساری انسانیت کے لیے مفید اور قابل فخر ہے۔ ان افراد میں عالی جناب عابد علی خاں صاحب بھی شامل ہیں جن کی خداداد قابلیت اور صلاحیتوں نے انھیں ایک امتیازی مقام عطا کیا ہے۔ آپ ایک ممتاز صحیفہ نگار، دانشور، ادیب، ماہر تعلیم، بلند پایہ سماجی خدمت گزار ہیں۔۔

جناب عابد علی خاں جیسی فعّال شخصیت کی مثال مشکل ہی سے مل سکتی ہے وہ تا دم آخر ذہنی اور جسمانی لحاظ سے معروف رہے محض خدمت کے والہانہ جذبے نے انہیں سماج میں وہ مرتبہ عطا کیا وہ قابل احترام مقام حاصل ہوا جو محض اللہ تعالی کی دین ہی ہو سکتی ہے ۔ان کی فلاحی خدمات بھی مثالی رہیں۔ مستحق افراد کی مدد و اعانت وہ اس انداز میں کیا کرتے تھے کہ کسی دوسرے شخص کو اس کا پتہ نہیں چلتا تھا۔ان کے سانحہ ارتحال کے بعد ہی اہل خاندان اور دوسروں کو اندازہ ہوا کہ وہ کس کس کی مالی امداد کیا کرتے تھے ۔ان کی مدد سے استفادہ کرنے والوں نے بھی اس لیئے اس بات کو راز میں رکھا تھا کہ وہ جب دیتے تو تاکید کیا کرتے تھے کہ اس کا چرچا نہ کیا جائے ۔ اکثر فلاحی خدمات کے معاملے میں وہ پس پردہ رہ کر کام کرنے کے عادی تھے ۔غریب لڑکیوں کی شادیوں کے لیئے امداد طلب کرنے والوں کی تعداد میں اضافہ پر فکر مند ہو گئے تھے ۔ بعض نوجوانوں کو طلب کر کے ایک باقاعدہ تحریک شروع کرنے کا مشورہ دیا۔اس کے ساتھ ہی غریب اور نادار لڑکیوں کی اجتماعی شادیوں کا سلسلہ شروع ہوا۔اس تحریک کو اس قدر تقویت اور فروغ حاصل ہوا کہ آج بھی شہر اور اضلاع میں اس کا سلسلہ جاری ہے ۔ عوام کو ان پر اس قدر اعتماد تھا کہ اکثر و بیشتر بیرونی

ممالک میں مقیم حضرات اور شہر کے متمول افراد صرف امداد کے لیے کچھ رقم عابد علی خاں صاحب کے حوالے کر دیتے اور اس سے کس طرح غریبوں کی مدد کی جائے اس کا فیصلہ ان پر چھوڑ دیا کرتے تھے ۔ کئی افراد ہزارہا روپے فلاحی کاموں کے لیے خاموش طریقے پر ان کے حوالے کر دیا کرتے تھے ۔

عابد علی خاں جو اردو صحافت کے آفتاب تھے 12/ نومبر 1992ء کو طلوع آفتاب سے قبل جہان فانی سے کوچ کر گئے ۔ یہ اطلاع نہ صرف شہر کے گوشہ میں آگ کی طرح پھیل گئی اور صبح کی خبروں کے ٹیلی کاسٹ میں دوردرشن نے یہ اندوہناک اطلاع دی تو ملک کے گوشہ گوشہ سے ٹیلی فونس پر استفسار کا لامتناہی سلسلہ شروع ہو گیا۔ مکان اور دفتر کے تمام ٹیلی فون مسلسل بجتے رہے ۔ جلوس جنازہ میں بلالحاظ مذہب وملت ہزارہا افراد شریک ہوئے ۔ لحد کو مٹی دینے والوں میں ریاستی گورنر جناب کرشنا کانت شامل تھے جنھوں نے بادیدہ نم اپنے رفیق کو جن سے اکثر وبیشتر مشورہ اور رہنمائی حاصل کرتے تھے رخصت کیا۔

عابد علی خاں کی زندگی کی طرح ان کی موت بھی مثالی ثابت ہوئی ۔ انھوں نے اپنی وصیت میں تاکید کی کہ "ان کی یاد میں نہ تو کوئی تعزیتی جلسہ منعقد کیا جائے اور نہ اخبارات میں تعزیتی

پیامات شائع کئے جائیں۔ سیاست میں ان کے بارے میں کوئی اداریہ نہ لکھا جائے یا تصویر شائع کی جائے محض عام افراد کی طرح چند سطور میں انتقال کی خبر شائع کردی جائے۔ فاتحہ سیوم کے بعد کوئی رسمی تقریب کا اہتمام نہ کیا جائے۔ چہلم وغیرہ کی ضیافت پر عام طور پر جو رقم صرف کی جاتی ہے اس قدر رقم سے کسی مستحق لڑکی کی شادی پر خرچ کی جائے۔ انھوں نے لکھا کہ وہ صرف دعائے مغفرت کے طلب گار رہیں گے۔

عابد علی خاں کی رحلت کے بعد جناب محبوب حسین جگر جائنٹ ایڈیٹر اور جناب زاہد علی خاں ایڈیٹر سیاست کے نام ملک اور بیرون ملک سے تعزیتی پیامات کا لامتناہی سلسلہ شروع ہوا۔ ان کی غیر معمولی مقبولیت کا ثبوت ہے۔ ہر ایک نے اسے اپنا شخصی اور قومی نقصان تصور کیا۔ صدر جمہوریہ ہند، وزیر اعظم اور کئی وزراء نے بھی اظہار تعزیت کیا۔ مسٹر نرسمہا راؤ عابد علی خاں صاحب کے انتقال کے بعد جب پہلی مرتبہ حیدرآباد کے دورہ پر آئے تو طیران گاہ سے راست لکڑی کا پُل پر واقع عابد منزل پہنچے۔ محترمہ بیگم عابد علی خاں، مسٹر زاہد علی خاں، ڈاکٹر شاہد علی خاں اور دوسرے ارکان خاندان کو پُرسہ دیا اور اپنی دیرینہ رفاقت کے تذکرے کرتے ہوئے عابد علی خاں کی جدائی کو ایک شخصی نقصان قرار دیا۔

مضامین اور تعزیتی بیانات میں مختلف شخصیتوں نے عابد علی خاں کی پہلودار شخصیت کے مختلف نمایاں پہلوؤں کی یادیں تازہ کرتے ہوئے انھیں خراج عقیدت پیش کیا۔

حضرت خواجہ حسن ثانی نظامی نے لکھا " عابد علی خاں 43 سال تک نور بکھیرتے رہے۔ دکھی انسانوں اور انسانیت کی مدد کرتے رہے۔ اردو معاشرہ کو ذمہ دار بنانے کا کام کیا"۔

ممتاز ترقی پسند ادیب اور شاعر علی سردار جعفری نے لکھا " عابد علی خاں مرحوم حیدرآباد کی تہذیب اور شائستگی کا مکمل پیکر تھے ان کی خوش اخلاقی کے ڈھانچہ میں ڈھلی ہوئی شخصیت میں ایک آہنی کردار کا انسان پوشیدہ تھا جس کی جھلک ان کی آنکھوں میں نظر آتی تھی۔ پرآشوب دور میں " سیاست" کا اجراء اور پھر اس کی سربلندی ایک مرد مجاہد کے عزم و ہمت کی داستان ہے۔ عابد علی خاں سے مل کر یہ احساس ہوتا تھا کہ وہ انسان کے پیکر میں ایک تاج محل ہیں۔ خدا مرحوم کو غریق رحمت کرے"۔

پروفیسر گیان چند نے لکھا " عابد علی خاں جیسی شخصیتیں جن سانچوں سے بن کر نکلتی تھیں وہ سانچے اب ٹوٹ چکے ہیں"۔

پروفیسر نثار احمد فاروقی نے انھیں " بیاباں کی شب تاریک میں قندیل رہبانی قرار دیا" ڈاکٹر گربچن سنگھ خالصہ نے لکھا " عابد بھائی سے جب ملاقاتیں ہوتیں تو ایسا محسوس ہوتا کہ ایسے

نفوس اگر زیادہ دن زندہ رہیں تو دنیا سے برائی اور شر کا خاتمہ ہو سکے گا خباثت کم ہوگی پیار و خلوص بڑھ جانے گا لیکن نفوس ایسا نہیں ہو سکا۔'

جناب عابد علی خاں مرحوم کی حیات اور کارناموں کے مختلف پہلوؤں پر عثمانیہ یونیورسٹی، گلبرگہ یونیورسٹی اور دیگر ریسرچ اداروں میں اسکالرس نے پی ایچ۔ ڈی کے لیے ضخیم مقالے تحریر کیئے ہیں۔ اس عظیم شخصیت کے بے شمار اوصاف حمیدہ کو بیان کرنے کے لئے اس کتابچہ کے صفحات قطعی ناکافی ہیں اور راقم الحروف کی ادنیٰ صلاحیتیں یہ حق ادا کرنے سے قاصر ہیں تاہم ان کے کردار اور طریقۂ کار کے بعض پہلوؤں کو پیش کرنے کی کوشش کی گئی تاکہ نئی نسل کی رہنمائی ہو سکے۔ عابد علی خاں کی زندگی کے مطالعہ سے یہی نتیجہ اخذ کیا جا سکتا ہے کہ عزم عمل مصمم ہوں، ارادے نیک ہوں، جذبہ پُر خلوص محنت وجد و جہد کی لگن ہو تو کسی مقصد کا حصول ناممکن نہیں۔ دعا ہے کہ خدا مرحوم کو غریق رحمت فرمائے۔ آمین'۔

عابد علی خان صاحب نے اپنی وصیت میں نمود و نمائش کے لیئے ان کی کوئی یادگار قائم کرنے سے سختی سے منع کیا تھا البتہ وہ اپنی زندگی میں ان کے مشن کی تکمیل کے لیئے جدوجہد کے تسلسل کو برقرار رکھنے پر اکثر وبیشتر زور دیا کرتے تھے۔ ان

کا مشن تھا اردو کا فروغ خاص طور پر اردو تعلیم کی توسیع و ترقی کے لئے زبان کی بقاء اور اس کے مستقبل کا تحفظ۔ عابد علی خان صاحب کی اسی آرزو کو ملحوظ رکھتے ہوئے ان کے تمام ورثاء نے "عابد علی خان ایجوکیشنل ٹرسٹ" ابتداء میں صرف ارکان خاندان کے شخصی عطیوں کے ذریعہ قائم کیا اور پانچ لاکھ روپے کے کارپس سے سرگرمیوں کا آغاز کیا۔ ٹرسٹ نے ابتداء میں تجربہ کے طور پر ایسے زیر تعلیم بچوں کے لئے جو انگلش میڈیم میں تعلیم حاصل کررہے ہیں اردو زبان پڑھانے لکھانے کا اہتمام کیا اور گرمائی تعطیلات کے دوران دونوں شہروں حیدرآباد میں کئی مقامات پر مراکز قائم کیے اور ماہرین کے تعاون سے ایک ایسا آسان قاعدہ مرتب کرکے اسے طبع کرایا گیا جس کی مدد سے اردو حروف شناسی پر مختصر عرصہ میں عبور حاصل ہوجائے۔ اس تجربہ کو ایسی غیر معمولی کامیابی ہوئی جس کا تصور تک نہیں کیا جا سکتا۔ ہزارہا طلبہ و طالبات ان مراکز سے رجوع ہوئے۔ ان میں اردو مادری زبان کے طلبہ و طالبات کے علاوہ ایسے کئی افراد بھی شامل تھے جن کی مادری زبان اردو نہیں ہے لیکن وہ اردو زبان کو سیکھنے کا جذبہ رکھتے تھے۔ شہر میں 20 مراکز کے قیام کے ساتھ ہی ہر طرف سے ان مراکز کے قیام کا مطالبہ شروع ہوا اور چند ہفتوں میں یہ ایک تحریک بن گئی۔ اس تجربہ

سے کے حوصلہ افزاء نتائج کے باعث ریاست کے مختلف اضلاع میں ایسے مراکز کے قیام کے لئے مطالبہ شروع ہوگیا۔ بعض دوسری ریاستوں نے بھی اس تحریک کو اپنانے سے غیر معمولی دلچسپی ظاہر کی۔ دارالحکومت دہلی میں اردو اکیڈیمی نے عابد علی خاں ایجوکیشنل ٹرسٹ کی مرتبہ کتاب کی اشاعت کی اجازت حاصل کی اور دہلی میں مختلف مراکز پر اردو تعلیم کے مراکز قائم کیے گئے۔ بعض دوسری ریاستوں سے بھی اس قسم کے مراکز کے قیام کی تجاویز موصول ہورہی ہیں۔ جدہ، ریاض اور کویت میں بھی ایسے مراکز قائم کیے جارہے ہیں۔

لائنس کلب آف حیدرآباد نے جناب عابد علی خاں صاحب کی عوامی خدمات کو خراج تحسین پیش کرنے کے مقصد سے شہر حیدرآباد کے پسماندہ علاقہ میں آنکھوں کے علاج معالجہ اور آپریشنس کی عصری سہولتیں مہیا کرنے کے مقصد سے ایک سو بستروں کے آئی ہاسپٹل کے قیام کا بیڑہ اٹھایا۔ حکومت آندھراپردیش نے شہر کے انتہائی موزوں مقام پر اس ہاسپٹل کے لئے ۵۰۰ گز قیمتی اراضی سالانہ ایک روپیہ پٹہ پر مہیا کی۔

نظامس چیریٹیبل ٹرسٹ نے ابتداء میں ۲۵ لاکھ روپے کا عطیہ دیا۔ چیف منسٹر مسٹر وجئے بھاسکر ریڈی نے اس ہاسپٹل کے سنگ بنیاد کی تنصیب کی رسم اجراء انجام دی۔

تعمیر کے آغاز کے لیئے تیاریاں بھی شروع ہو چکی ہیں ۔ جناب عابد علی خاں کی سب سے بڑی یادگار "اخبار سیاست" ہے جس نے بلاشبہ نہ صرف ہندستان بلکہ سارے بر صغیر میں اردو صحافت کی ایک تاریخ بنائی ہے ۔ اردو صحافت کے معیار کو باعث افتخار بتایا ہے ۔آج جس کی مذاکرہ ، سمینار یا محفل میں اردو صحافت کا تذکرہ کیا جاتا ہے جناب عابد علی خاں کی خدمات کو خراج پیش کیا جاتا ہے جنھوں نے اردو صحافت کو ایک نئی زندگی دی اور قومی صحافت میں ایک نمایاں مقام عطا کیا

جب تک اردو زبان باقی ہے عابد علی خاں کی یاد بھی باقی رہے گی۔

خدا مرحوم کو جنت الفردوس میں اعلیٰ وارفع مقام عطا فرمائے۔ (آمین)

○○○○

بچوں کے لیے ایک دلچسپ سوانحی کہانی

سردار جعفری

مصنفہ : رفیعہ شبنم عابدی

بین الاقوامی ایڈیشن منظر عام پر آچکا ہے